Agradezco, afirmo y creo que mi

'Yo Soy'

es la clave de mi poderosa

vibración sana y positiva.

Camino de
GRATITUD

Fecha: _____

L Ma Mi J V S D

NOTES:

AFIRMACIÓN

Yo soy paz
Yo soy alegría
Yo soy conciencia
Yo soy aceptación
Yo soy suficiente
Yo soy valios@
Yo soy éxito

ÁNIMO

Relax, todas las emociones son válidas

Agradezco libremente

HOY SIENTO AGRADECIMIENTO POR:

Camino de GRATITUD

Fecha: _____

L Ma Mi J V S D

NOTAS:

AFIRMACIÓN

Yo soy bienestar
Yo soy bondad
Yo soy calma
Yo soy iluminación
Yo soy fe
Yo soy serenidad
Yo soy cálidez

ÁNIMO

Relax, todas las emociones
son válidas

Agradezco libremente

HOY SIENTO AGRADECIMIENTO POR:

Camino de
GRATITUD

Fecha: _____

L Ma Mi J V S D

NOTAS:

AFIRMACIÓN

Yo soy transformación
Yo soy conexión
Yo soy fortaleza
Yo soy presente
Yo soy posibilidad
Yo soy amor
Yo soy libertad

ÁNIMO

Relax, todas las emociones son válidas

Agradezco libremente

HOY SIENTO AGRADECIMIENTO POR:

Camino de GRATITUD

Fecha: -------------------------

L Ma Mi J V S D

NOTAS:

ÁNIMO

Relax, todas las emociones son válidas

AFIRMACIÓN

Yo soy salud

Yo soy abundancia

Yo soy gracia

Yo soy compasión

Yo soy prosperidad

Yo soy armonía

Yo soy belleza

Agradezco libremente

HOY SIENTO AGRADECIMIENTO POR:

Camino de
GRATITUD

Fecha: _____

L Ma Mi J V S D

NOTAS:

AFIRMACIÓN

Yo soy pureza
Yo soy gratitud
Yo soy perfección
Yo soy confianza
Yo soy creatividad
Yo soy iluminación
Yo soy sabiduría

ÁNIMO

Relax, todas las emociones son válidas

Agradezco libremente

HOY SIENTO AGRADECIMIENTO POR:

_____

_____

_____

_____

_____

_____

_____

_____

_____

_____

Camino de
GRATITUD

Fecha: _____

L Ma Mi J V S D

NOTAS:

ÁNIMO

Relax, todas las emociones
son válidas

AFIRMACIÓN

Yo soy abrazo
Yo soy fe
Yo soy serenidad
Yo soy entusiasmo
Yo soy propósito
Yo soy resplandor
Yo soy inspiración

Agradezco libremente

HOY SIENTO AGRADECIMIENTO POR:

Camino de
GRATITUD

Fecha: _____

L Ma Mi J V S D

NOTES:

ÁNIMO

Relax, todas las emociones son válidas

AFIRMACIÓN

Yo soy ascensión
Yo soy vibración
Yo soy manifestación
Yo soy confianza
Yo soy discernimiento
Yo soy riqueza
Yo soy claridad

Agradezco libremente

HOY SIENTO AGRADECIMIENTO POR:

El *éxito*
COMIENZA
—— con un ——
pensamiento
POSITIVO
y Enfoque!!!

MI FOCO DE ATENCIÓN
es mi destino

Esta es una
BUENA
SEMANA

Mensaje para terminar el día

"Creo que algo maravilloso me ocurre mañana".

*Yo Soy
una persona saludable
y vital*

Camino de
GRATITUD

Fecha: _____

L Ma Mi J V S D

NOTAS:

AFIRMACIÓN

Yo soy despertar
Yo soy maravilla
Yo soy exuberancia
Yo soy firmeza
Yo soy gozo
Yo soy poder
Yo soy vida

ÁNIMO

Relax, todas las emociones son validas

Agradezco libremente

HOY SIENTO AGRADECIMIENTO POR:

Camino de
GRATITUD

Fecha: _____

L Ma Mi J V S D

NOTAS:

AFIRMACIÓN

Yo soy conexión
Yo soy elocuencia
Yo soy renacimiento
Yo soy vitalidad
Yo soy juventud
Yo soy voluntad
Yo soy inspiración

ÁNIMO

Relax, todas las emociones son válidas

Agradezco libremente

HOY SIENTO AGRADECIMIENTO POR:

Camino de
GRATITUD

Fecha: _____

L Ma Mi J V S D

NOTAS:

AFIRMACIÓN

Yo soy despliegue
Yo soy admirable
Yo soy abrazo
Yo soy triunfo
Yo soy inmaculad@
Yo soy decisión
Yo soy riqueza

ÁNIMO

Relax, todas las emociones
son válidas

Agradezco libremente

HOY SIENTO AGRADECIMIENTO POR:

Camino de
GRATITUD

NOTES:

NOTAS:

AFIRMACIÓN

Yo soy sabiduría
Yo soy serenidad
Yo soy rápid@
Yo soy solución
Yo soy Transformación
Yo soy silencio
Yo soy conquista

ÁNIMO

Relax, todas las emociones son válidas

Agradezco libremente

HOY SIENTO AGRADECIMIENTO POR:

Camino de
GRATITUD

Fecha: _____

L Ma Mi J V S D

NOTAS:

ÁNIMO

Relax, todas las emociones son válidas

AFIRMACIÓN

Yo soy luz

Yo soy consciencia

Yo soy maravillos@

Yo soy innovación

Yo soy abiert@

Yo soy invulnerable

Yo soy divin@

Yo soy únic@

Agradezco libremente

HOY SIENTO AGRADECIMIENTO POR:

Camino de
GRATITUD

Fecha: _____

L Ma Mi J V S D

NOTAS:

ÁNIMO

Relax, todas las emociones son válidas

AFIRMACIÓN

Yo soy vibrante
Yo soy solución
Yo soy invulnerable
Yo soy original
Yo soy victorios@
Yo soy excepcional
Yo soy renovación

Agradezco libremente

HOY SIENTO AGRADECIMIENTO POR:

Camino de
GRATITUD

Fecha: _____

L Ma Mi J V S D

NOTAS:

ÁNIMO

Relax, todas las emociones
son válidas

AFIRMACIÓN

Yo soy creatividad
Yo soy confianza
Yo soy oportunidad
Yo soy aprendizaje
Yo soy regalo de vida
Yo soy reconocimiento
Yo soy desafío

Agradezco libremente

HOY SIENTO AGRADECIMIENTO POR:

SALPICANDO

¡ABUNDANCIA!

YO SOY GRATITUD
POR LAS OPORTUNIDADES
Y EL DINERO QUE FLUYE HACIA MÍ
CON FACILIDAD, GOZO Y GLORIA.

YO SOY
Responsable,
y va a funcionar
porque
YO hago que funcione.

YO SOY
un/a cerrador/a de negocios
exitos@

Camino de
GRATITUD

Fecha: _____

L Ma Mi J V S D

NOTAS:

AFIRMACIÓN

Yo soy estrategia
Yo soy fructifer@
Yo soy positiv@
Yo soy magnétic@
Yo soy prioridad
Yo soy prudencia
Yo soy ofrecimiento

ÁNIMO

Relax, todas las emociones son válidas

🖉

🖉

🖉

🖉

Agradezco libremente

HOY SIENTO AGRADECIMIENTO POR:

_____

_____

_____

_____

_____

_____

_____

_____

_____

_____

_____

Camino de
GRATITUD

Fecha: _____

L Ma Mi J V S D

NOTES:

AFIRMACIÓN

Yo soy atracción
Yo soy manifestación
Yo soy ideales
Yo soy ética
Yo soy asociación
Yo soy pasión
Yo soy emprendiento

ÁNIMO

Relax, todas las emociones
son válidas

Agradezco libremente

HOY SIENTO AGRADECIMIENTO POR:

Camino de
GRATITUD

Fecha: _____

L Ma Mi J V S D

NOTAS:

AFIRMACIÓN

Yo soy excelencia
Yo soy fuerza
Yo soy calidad
Yo soy crecimiento
Yo soy impacto
Yo soy triunfo
Yo soy conexión

ÁNIMO

*Relax, todas las emociones
son válidas*

Agradezco libremente

HOY SIENTO AGRADECIMIENTO POR:

_____

_____

_____

_____

_____

_____

_____

_____

_____

_____

_____

Camino de
GRATITUD

Fecha: ....

L Ma Mi J V S D

NOTAS:

AFIRMACIÓN

Yo soy paz
Yo soy alegría
Yo soy conciencia
Yo soy aceptación
Yo soy suficiente
Yo soy valios@
Yo soy éxito

ÁNIMO

Relax, todas las emociones
son válidas

Agradezco libremente

HOY SIENTO AGRADECIMIENTO POR:

_____

_____

_____

_____

_____

_____

_____

_____

_____

_____

Camino de
GRATITUD

Fecha: _____

L   Ma   Mi   J   V   S   D

NOTAS:

ÁNIMO

Relax, todas las emociones son válidas

AFIRMACIÓN

Yo soy bienestar
Yo soy bondad
Yo soy calma
Yo soy iluminación
Yo soy fe
Yo soy serenidad
Yo soy cálida

Agradezco libremente

HOY SIENTO AGRADECIMIENTO POR:

Camino de GRATITUD

Fecha: _____

L Ma Mi J V S D

NOTAS:

ÁNIMO

Relax, todas las emociones
son válidas

AFIRMACIÓN

Yo soy transformación
Yo soy conexión
Yo soy fortaleza
Yo soy presente
Yo soy posibilidad
Yo soy amor
Yo soy libertad

Agradezco libremente

HOY SIENTO AGRADECIMIENTO POR:

_____

_____

_____

_____

_____

_____

_____

_____

_____

_____

_____

Camino de
GRATITUD

Fecha: _____

L Ma Mi J V S D

NOTAS:

AFIRMACIÓN

Yo soy salud
Yo soy abundancia
Yo soy gracia
Yo soy compasión
Yo soy prosperidad
Yo soy armonía
Yo soy belleza

ÁNIMO

*Relax, todas las emociones
son válidas*

Agradezco libremente

HOY SIENTO AGRADECIMIENTO POR:

Yo creo en mí!

Me gusta quien soy!!

Me encanta quien soy!!!

Yo soy

gratitud por

la salud

radiante

que llena

cada célula

de mi ser

Camino de
GRATITUD

Fecha: _____

L Ma Mi J V S D

NOTAS:

AFIRMACIÓN

Yo soy pureza
Yo soy gratitud
Yo soy perfección
Yo soy confianza
Yo soy creatividad
Yo soy iluminación
Yo soy sabiduría

ÁNIMO

Relax, todas las emociones son válidas

Agradezco libremente

HOY SIENTO AGRADECIMIENTO POR:

_____
_____
_____
_____
_____
_____
_____
_____
_____
_____
_____

Camino de
GRATITUD

Fecha: _____

L Ma Mi J V S D

NOTAS:

ÁNIMO

Relax, todas las emociones
son válidas

AFIRMACIÓN

Yo soy abrazo
Yo soy fe
Yo soy serenidad
Yo soy entusiasmo
Yo soy propósito
Yo soy resplandor
Yo soy inspiración

Agradezco libremente

HOY SIENTO AGRADECIMIENTO POR:

Camino de GRATITUD

Fecha: _____

L Ma Mi J V S D

NOTAS:

ÁNIMO

Relax, todas las emociones son válidas

AFIRMACIÓN

Yo soy ascensión
Yo soy vibración
Yo soy manifestación
Yo soy confianza
Yo soy discernimiento
Yo soy riqueza
Yo soy claridad

Agradezco libremente

HOY SIENTO AGRADECIMIENTO POR:

Camino de
GRATITUD

Fecha: _____

L Ma Mi J V S D

NOTAS:

AFIRMACIÓN

Yo soy despertar
Yo soy maravilla
Yo soy exuberancia
Yo soy firmeza
Yo soy gozo
Yo soy poder
Yo soy vida

ÁNIMO

*Relax, todas las emociones
son válidas*

Agradezco libremente

HOY SIENTO AGRADECIMIENTO POR:

Camino de
GRATITUD

Fecha: _____

L Ma Mi J V S D

NOTAS:

AFIRMACIÓN

Yo soy conexión
Yo soy elocuencia
Yo soy renacimiento
Yo soy vitalidad
Yo soy juventud
Yo soy voluntad
Yo soy inspiración

ÁNIMO

Relax, todas las emociones son válidas

Agradezco libremente

HOY SIENTO AGRADECIMIENTO POR:

_____
_____
_____
_____
_____
_____
_____
_____
_____
_____
_____
_____

Camino de
GRATITUD

Fecha: _____

L Ma Mi J V S D

NOTAS:

AFIRMACIÓN

Yo soy despliegue
Yo soy admirable
Yo soy abrazo
Yo soy triunfo
Yo soy inmaculad@
Yo soy decisión
Yo soy riqueza

ÁNIMO

Relax, todas las emociones
son válidas

Agradezco libremente

HOY SIENTO AGRADECIMIENTO POR:

Camino de
GRATITUD

Fecha: _____

L   Ma   Mi   J   V   S   D

NOTES:

AFIRMACIÓN

Yo soy sabiduría
Yo soy serenidad
Yo soy rápid@
Yo soy solución
Yo soy transformación
Yo soy silencio
Yo soy conquista

ÁNIMO

Relax, todas las emociones
son válidas

Agradezco libremente

HOY SIENTO AGRADECIMIENTO POR:

Yo soy

gratitud por

la confianza

que las personas

✧ depositan en mí ✧

y en mi marca.

soy
creíble

Yo Soy
LA PACIENCIA
en medio de la espera
CONFIANDO
que Dios me ama
Y SU TIEMPO
es perfecto

Camino de
GRATITUD

NOTAS:

AFIRMACIÓN

Yo soy luz

Yo soy consciencia

Yo soy maravillos@

Yo soy innovación

Yo soy abiert@

Yo soy invulnerable

Yo soy divin@

Yo soy únic@

ÁNIMO

*Relax, todas las emociones
son válidas*

Agradezco libremente

HOY SIENTO AGRADECIMIENTO POR:

Camino de
GRATITUD

Fecha: _____

L Ma Mi J V S D

NOTAS:

AFIRMACIÓN

Yo soy vibrante
Yo soy solución
Yo soy invulnerable
Yo soy original
Yo soy victorios@
Yo soy excepcional
Yo soy renovación

ÁNIMO

Relax, todas las emociones
son válidas

Agradezco libremente

HOY SIENTO AGRADECIMIENTO POR:

_____

_____

_____

_____

_____

_____

_____

_____

_____

_____

_____

Camino de
GRATITUD

Fecha: _____

L Ma Mi J V S D

NOTAS:

ÁNIMO

Relax, todas las emociones
son válidas

AFIRMACIÓN

Yo soy creatividad
Yo soy confianza
Yo soy oportunidad
Yo soy aprendizaje
Yo soy regalo de vida
Yo soy reconocimiento
Yo soy desafío

Agradezco libremente

HOY SIENTO AGRADECIMIENTO POR:

Camino de
GRATITUD

NOTAS:

ÁNIMO

Relax, todas las emociones
son válidas

AFIRMACIÓN

Yo soy estrategia
Yo soy fructífer@
Yo soy positiv@
Yo soy magnétic@
Yo soy prioridad
Yo soy prudencia
Yo soy ofrecimiento

Agradezco libremente

HOY SIENTO AGRADECIMIENTO POR:

Camino de
GRATITUD

Fecha: _____

L   Ma   Mi   J   V   S   D

NOTAS:

AFIRMACIÓN

Yo soy atracción
Yo soy manifestación
Yo soy ideales
Yo soy ética
Yo soy asociación
Yo soy pasión
Yo soy emprendiento

ÁNIMO

Relax, todas las emociones
son válidas

Agradezco libremente

HOY SIENTO AGRADECIMIENTO POR:

Camino de
GRATITUD

Fecha: ....

L Ma Mi J V S D

NOTAS:

AFIRMACIÓN

Yo soy excelencia
Yo soy fuerza
Yo soy calidad
Yo soy crecimiento
Yo soy impacto
Yo soy triunfo
Yo soy conexión

ÁNIMO

Relax, todas las emociones son válidas

Agradezco libremente

HOY SIENTO AGRADECIMIENTO POR:

Camino de
GRATITUD

Fecha: _____

L Ma Mi J V S D

NOTAS:

AFIRMACIÓN

Yo soy paz
Yo soy alegría
Yo soy conciencia
Yo soy aceptación
Yo soy suficiente
Yo soy valios@
Yo soy éxito

ÁNIMO

Relax, todas las emociones
son válidas

Agradezco libremente

HOY SIENTO AGRADECIMIENTO POR:

_____
_____
_____
_____
_____
_____
_____
_____
_____
_____
_____

"*Yo Soy*
la abundancia
que fluye
incesantemente
en mi vida"

YO SOY GRATITUD

por la luz interior

QUE GUÍA MI CAMINO

en todo momento.

Camino de
GRATITUD

Fecha: _____

L Ma Mi J V S D

NOTAS:

ÁNIMO

Relax, todas las emociones
son válidas

AFIRMACIÓN

Yo soy bienestar
Yo soy bondad
Yo soy calma
Yo soy iluminación
Yo soy fe
Yo soy serenidad
Yo soy cálid@

Agradezco libremente

HOY SIENTO AGRADECIMIENTO POR:

_____

_____

_____

_____

_____

_____

_____

_____

_____

_____

_____

Camino de GRATITUD

Fecha: _____

L Ma Mi J V S D

NOTAS:

ÁNIMO

Relax, todas las emociones son válidas

AFIRMACIÓN

Yo soy transformación
Yo soy conexión
Yo soy fortaleza
Yo soy presente
Yo soy posibilidad
Yo soy amor
Yo soy libertad

Agradezco libremente

HOY SIENTO AGRADECIMIENTO POR:

_____

_____

_____

_____

_____

_____

_____

_____

_____

_____

Camino de
GRATITUD

Fecha: _____

L Ma Mi J V S D

NOTAS:

AFIRMACIÓN

Yo soy salud
Yo soy abundancia
Yo soy gracia
Yo soy compasión
Yo soy prosperidad
Yo soy armonía
Yo soy belleza

ÁNIMO

*Relax, todas las emociones
son válidas*

Agradezco libremente

HOY SIENTO AGRADECIMIENTO POR:

_____

_____

_____

_____

_____

_____

_____

_____

_____

_____

_____

Camino de
GRATITUD

Fecha: _____

L Ma Mi J V S D

NOTES:

AFIRMACIÓN

Yo soy pureza
Yo soy gratitud
Yo soy perfección
Yo soy confianza
Yo soy creatividad
Yo soy iluminación
Yo soy sabiduría

ÁNIMO

Relax, todas las emociones son válidas

Agradezco libremente

HOY SIENTO AGRADECIMIENTO POR:

Camino de
GRATITUD

Fecha: _____

L Ma Mi J V S D

NOTAS:

ÁNIMO

Relax, todas las emociones
son válidas

AFIRMACIÓN

Yo soy abrazo
Yo soy fe
Yo soy serenidad
Yo soy entusiasmo
Yo soy propósito
Yo soy resplandor
Yo soy inspiración

Agradezco libremente

HOY SIENTO AGRADECIMIENTO POR:

Camino de
GRATITUD

Fecha: _____

L Ma Mi J V S D

NOTES:

AFIRMACIÓN

Yo soy ascensión
Yo soy vibración
Yo soy manifestación
Yo soy confianza
Yo soy discernimiento
Yo soy riqueza
Yo soy claridad

ÁNIMO

Relax, todas las emociones
son válidas

Agradezco libremente

HOY SIENTO AGRADECIMIENTO POR:

_____

_____

_____

_____

_____

_____

_____

_____

_____

_____

Camino de
GRATITUD

Fecha: _____

L Ma Mi J V S D

NOTAS:

ÁNIMO

Relax, todas las emociones son válidas

AFIRMACIÓN

Yo soy despertar
Yo soy maravilla
Yo soy exuberancia
Yo soy firmeza
Yo soy gozo
Yo soy poder
Yo soy vida

Agradezco libremente

HOY SIENTO AGRADECIMIENTO POR:

Yo Soy

disciplinad@

Y MANTENGO MIS COMPROMISOS

YO SOY

dueñ@ de mi tiempo

y lo uso sabiamente.

Camino de
GRATITUD

Fecha: ....

L Ma Mi J V S D

NOTAS:

AFIRMACIÓN

Yo soy conexión
Yo soy elocuencia
Yo soy renacimiento
Yo soy vitalidad
Yo soy juventud
Yo soy voluntad
Yo soy inspiración

ÁNIMO

Relax, todas las emociones
son válidas

Agradezco libremente

HOY SIENTO AGRADECIMIENTO POR:

_____

_____

_____

_____

_____

_____

_____

_____

_____

_____

Camino de
GRATITUD

Fecha: _____

L Ma Mi J V S D

NOTAS:

AFIRMACIÓN

Yo soy despliegue
Yo soy admirable
Yo soy abrazo
Yo soy triunfo
Yo soy inmaculad@
Yo soy decisión
Yo soy riqueza

ÁNIMO

*Relax, todas las emociones
son válidas*

Agradezco libremente

HOY SIENTO AGRADECIMIENTO POR:

Camino de
GRATITUD

Fecha: _____

L Ma Mi J V S D

NOTAS:

ÁNIMO

Relax, todas las emociones son válidas

AFIRMACIÓN

Yo soy sabiduría
Yo soy serenidad
Yo soy rápid@
Yo soy solución
Yo soy transformación
Yo soy silencio
Yo soy conquista

Agradezco libremente

HOY SIENTO AGRADECIMIENTO POR:

Camino de
GRATITUD

Fecha: _____

L Ma Mi J V S D

NOTAS:

AFIRMACIÓN

Yo soy luz

Yo soy consciencia

Yo soy maravillos@

Yo soy innovación

Yo soy abiert@

Yo soy invulnerable

Yo soy divin@

Yo soy únic@

ÁNIMO

Relax, todas las emociones
son válidas

Agradezco libremente

HOY SIENTO AGRADECIMIENTO POR:

Camino de
GRATITUD

Fecha: ....

L Ma Mi J V S D

NOTAS:

AFIRMACIÓN

Yo soy vibrante
Yo soy solución
Yo soy invulnerable
Yo soy original
Yo soy victorios@
Yo soy excepcional
Yo soy renovación

ÁNIMO

Relax, todas las emociones
son válidas

Agradezco libremente

HOY SIENTO AGRADECIMIENTO POR:

_____

_____

_____

_____

_____

_____

_____

_____

_____

_____

_____

Camino de
GRATITUD

Fecha: _____

L Ma Mi J V S D

NOTES:

AFIRMACIÓN

Yo soy creatividad
Yo soy confianza
Yo soy oportunidad
Yo soy aprendizaje
Yo soy regalo de vida
Yo soy reconocimiento
Yo soy desafío

ÁNIMO

Relax, todas las emociones
son válidas

Agradezco libremente

HOY SIENTO AGRADECIMIENTO POR:

_____

_____

_____

_____

_____

_____

_____

_____

_____

_____

_____

Camino de
GRATITUD

Fecha: ....

L Ma Mi J V S D

NOTES:

AFIRMACIÓN

Yo soy estrategia
Yo soy fructífer@
Yo soy positiv@
Yo soy magnétic@
Yo soy prioridad
Yo soy prudencia
Yo soy ofrecimiento

ÁNIMO

Relax, todas las emociones
son válidas

Agradezco libremente

HOY SIENTO AGRADECIMIENTO POR:

Yo Soy

UN/A EXPERT@

conocedor@

de las necesidades

DE MIS CLIENTES

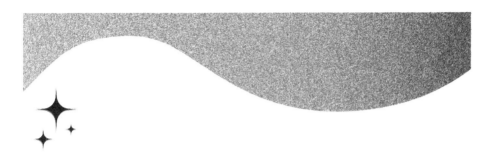

Yo Soy

una ahorrador/a Inteligente

y una planificador/a financiera

Camino de
GRATITUD

Fecha: _____

L Ma Mi J V S D

NOTES:

NOTAS:

AFIRMACIÓN

Yo soy atracción
Yo soy manifestación
Yo soy ideales
Yo soy ética
Yo soy asociación
Yo soy pasión
Yo soy emprendiento

ÁNIMO

Relax, todas las emociones son válidas

Agradezco libremente

HOY SIENTO AGRADECIMIENTO POR:

Camino de
GRATITUD

Fecha: _____

L Ma Mi J V S D

NOTAS:

ÁNIMO

Relax, todas las emociones
son válidas

AFIRMACIÓN

Yo soy excelencia
Yo soy fuerza
Yo soy calidad
Yo soy crecimiento
Yo soy impacto
Yo soy triunfo
Yo soy conexión

Agradezco libremente

HOY SIENTO AGRADECIMIENTO POR:

_____

_____

_____

_____

_____

_____

_____

_____

_____

_____

Camino de
GRATITUD

Fecha: _____

L   Ma   Mi   J   V   S   D

NOTAS:

ÁNIMO

Relax, todas las emociones son válidas

AFIRMACIÓN

Yo soy paz
Yo soy alegría
Yo soy conciencia
Yo soy aceptación
Yo soy suficiente
Yo soy valios@
Yo soy éxito

Agradezco libremente

HOY SIENTO AGRADECIMIENTO POR:

_____

_____

_____

_____

_____

_____

_____

_____

_____

_____

_____

Camino de
GRATITUD

Fecha: _____

L Ma Mi J V S D

NOTAS:

AFIRMACIÓN

Yo soy bienestar
Yo soy bondad
Yo soy calma
Yo soy iluminación
Yo soy fe
Yo soy serenidad
Yo soy cálida

ÁNIMO

Relax, todas las emociones son válidas

Agradezco libremente

HOY SIENTO AGRADECIMIENTO POR:

Camino de
GRATITUD

Fecha: _____

L Ma Mi J V S D

NOTAS:

ÁNIMO

Relax, todas las emociones
son válidas

AFIRMACIÓN

Yo soy transformación
Yo soy conexión
Yo soy fortaleza
Yo soy presente
Yo soy posibilidad
Yo soy amor
Yo soy libertad

Agradezco libremente

HOY SIENTO AGRADECIMIENTO POR:

_____

_____

_____

_____

_____

_____

_____

_____

_____

_____

Camino de
GRATITUD

Fecha: _____

L Ma Mi J V S D

NOTAS:

ÁNIMO

Relax, todas las emociones
son válidas

AFIRMACIÓN

Yo soy salud
Yo soy abundancia
Yo soy gracia
Yo soy compasión
Yo soy prosperidad
Yo soy armonía
Yo soy belleza

Agradezco libremente

HOY SIENTO AGRADECIMIENTO POR:

Camino de
GRATITUD

Fecha: _____

L Ma Mi J V S D

NOTAS:

ÁNIMO

Relax, todas las emociones
son válidas

AFIRMACIÓN

Yo soy pureza
Yo soy gratitud
Yo soy perfección
Yo soy confianza
Yo soy creatividad
Yo soy iluminación
Yo soy sabiduría

Agradezco libremente

HOY SIENTO AGRADECIMIENTO POR:

Todo lo que Pienso, todo lo Creo

Soy la persona
responsable de mi
propia felicidad

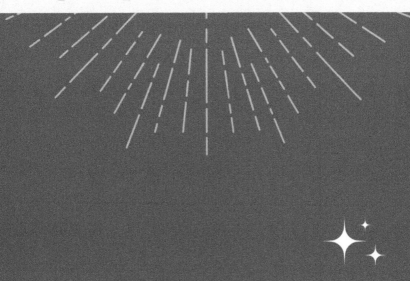

¡Gracias!

Gracias por escuchar
a tu Alma

Made in the USA
Las Vegas, NV
03 March 2024

86646052R00075